Peter Amendt

Gottes Licht
für jeden Tag

GROH

Sonne, Licht, Leben:
drei Worte – sie stehen für Glück und Freude.
Zugleich sind sie ein Sinnbild der Liebe Gottes,
der unser Bestes will. Er schenkt uns *Licht*
in unserem Leben und lädt uns ein,
daraus immer neu Kraft und Freude zu schöpfen.
Denn er ist bei uns – hier, heute, jeden Tag.

Jeder Morgen ist ein Wagnis,
jeder Tag ein neuer Versuch.
Mit Vertrauen nehmen wir ihn an.
Wir wissen: Er, der uns
diesen Tag geschenkt hat,
lässt uns nicht allein.

Ein gutes Wort,
ein freundlicher Gruß
eines lieben Menschen:
Sie schenken Freude
für den ganzen Tag. Sie sind
ein Spiegel Seines Lichts, das uns
in jedem guten Wort begegnet.

Kinder lachen.
Güte durchflutet das Gesicht alter Menschen.
So manche Augen *strahlen* vor Liebe.
Sie sagen uns: Er hat uns gut gemacht!

Manche Tage beginnen
wolkenverhangen, außen wie innen.
Bis ein Freund anruft,
eine gute Nachricht uns erreicht.
Sie sind der *Lichtstrahl*,
der die Wolken durchbricht,
eine Botschaft von Gottes Liebe.

Freunde, die wir unvermutet wiedersehen,
Begegnungen, die wir nicht geplant haben,
schwierige Umstände, die sich zum Guten wenden:
Wir nennen es Zufall. Im Rückblick jedoch
bemerken wir: Alles ist eine *Fügung* –
Gottes unergründliche Wege in unserem Leben.

Die schneebedeckten Berge in der Ferne,
die *Abendsonne* über dem weiten Meer,
die blühende Wiese vor dem Fenster:
Sie alle sind ein Geschenk, uns zugedacht.
Lautlos verkünden sie das Lob
unseres gemeinsamen Schöpfers.

Wir schauen der Biene nach.
Sie fliegt von Blüte zu Blüte
und bestäubt sie mit dem Blütenstaub.
Unermüdlich, ohne Rast bringt sie Leben.
Auch wir dürfen für unsere Nächsten
wie diese Biene sein – ein *Segen*
für andere Menschen.

Sie wachsen überall, gleichsam umsonst:
die Gräser am Wegrand. Und doch
ist jeder Halm ein *Kunstwerk*.
So wie unser Leben. Eigens für uns gemacht,
damit wir uns daran freuen.

Das Licht der Sonne sehen zu können, bedeutet *Glück* und Freude. Genieße froh jeden Tag, der dir gegeben ist!

Kohelet 11, 7–8

Sonne und Regen, Wolken und Licht:
Unser *Leben* kennt Höhen und Tiefen.
Aber immer ist einer da, unsichtbar,
und doch wie ein Windhauch zu spüren –
einer der uns wohl will.

Eine Krankheit
hat uns zurückgeworfen,
ein Leid uns niedergedrückt.
Aber wir lassen den Kopf nicht hängen.
Wir fangen wieder an. Denn wir wissen:
Das Leben beginnt immer neu.
Und Gott ist dabei
an unserer Seite.

Der Tag hat gut begonnen.
Die Kolleginnen und Kollegen
am Arbeitsplatz, alle haben gute Laune.
Es ist wie ein Sonnenstrahl in unseren Alltag –
ein großes *Geschenk*, für das
wir dankbar sind.

Was sollen wir tun?
Wohin uns wenden?
Unsere Sorgen begleiten uns.
Aber sie drücken uns nicht nieder.
Denn größer als unser Herz ist der,
der mit uns *mitgeht* – er,
der unsere Sorgen und Freuden kennt,
noch bevor wir sie durchleben.

Gute Freunde zu haben
macht das Leben reich. Sie sind
ein Schatz, den man nicht kaufen kann.
Eine wahre Freundschaft ist
ein Gottesgeschenk – uns gegeben,
damit wir es pflegen:
in guten und in schweren Tagen.

Unser Nachbar schaut uns nicht an.
Ein kleiner Streit vor Jahren hat uns entzweit,
scheinbar für immer. Bis sich kürzlich
sein Hund zu uns verlaufen hat.
Wir bringen ihn zurück.
»Danke!«, sagt er.
Das erste Wort seit Jahren.
Das kleine Wunder des Alltags.

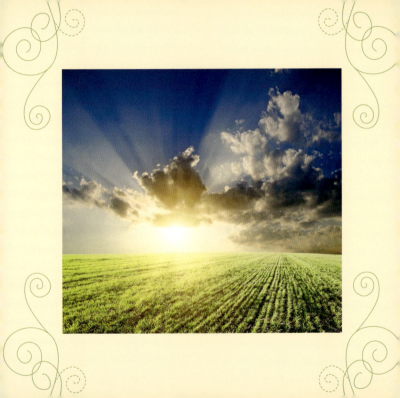

Abends in der U-Bahn:
Kinder mit ihren Eltern,
alte Menschen, die ermüdet sind,
junge, die eifrig miteinander reden.
Wir kennen sie nicht mit Namen.
Und doch spüren wir: Jeder ist auf seine Weise
ein Abbild des liebenden Gottes.
Ein *Lichtstrahl,*
der aus dem Inneren kommt.

Ein Urlaub voll Ruhe, ein Wochenende in Stille:
Sie laden uns ein, Halt zu machen,
uns zu *entspannen*. Sie werden zum Segen –
zur Zeit der Besinnung auf uns selbst.
Und auf den, der uns geschaffen hat.

Der Tag war lang.
Wir haben uns viel gemüht.
All das, was er gebracht hat, begleitet uns
abends in unseren Gedanken,
Gedanken voller Dankbarkeit.
Denn jeder Tag ist
Sein Geschenk an uns.

Es fällt uns nicht schwer,
Gott für das Gute in unserem Leben
zu danken. Aber auch dort,
wo wir ihn nicht vermuten, ist er da.
Ihn in allem zu erkennen,
was uns begegnet, ist die Weisheit,
für die wir ein ganzes Leben brauchen.

Gottes Licht für jeden Tag

Passend zu diesem Titel sind außerdem erschienen:

BESCHÜTZT VON GUTEN MÄCHTEN
ISBN 978-3-8485-1068-9

EIN ENGEL IST AN DEINER SEITE
ISBN 978-3-8485-1060-3

Immer eine gute Geschenkidee: www.groh.de

Über den Autor:

Peter Amendt, geboren 1944, ist seit 1964 Mitglied des Franziskanerordens. Nach Abschluss des Diplom-Studienganges in katholischer Theologie und der Promotion in Sozialwissenschaften war er über viele Jahre in der Missionszentrale der Franziskaner in Bonn tätig. Er leitet seit 2008 den von ihm mitbegründeten Verein vision:teilen – eine franziskanische Initiative gegen Armut und Not e.V. (www.vision-teilen.org) mit Sozialprojekten im In- und Ausland.

Bildnachweis:

Titel, S. 2: GYRO PHOTOGRAPHY/amanaimages/Corbis; Titelrückseite u. S. 47: iStockphoto/Thinkstock; S. 5, 7, 12/13, 18, 21–24, 29, 30, 32/33, 37/38, 40, 42/43, 47: iStockphoto/Thinkstock; S. 8: iStockphoto/Tabitha Patrick; S. 11: iStockphoto; S. 17: zubin li/Getty Images; S. 27: Design Pics/Thinkstock; S. 35: Kara/fotolia; S. 45: iStockphoto/akaplummer. Blumenornamente Cover- u. Innengestaltung: iStockphoto/Thinkstock.

Idee und Konzept:

Groh Verlag. Das Werk einschließlich seiner Teile ist urheberrechtlich geschützt. Jede Verwertung außerhalb der engen Grenzen des Urheberrechtsgesetzes ist ohne Zustimmung des Verlages unzulässig und strafbar. Das gilt insbesondere für Kopien, Einspeicherung und Verarbeitung in elektronischen Systemen.

Layout: Ingrid Thiel-Böhrer

ISBN 978-3-8485-1061-0
© Groh Verlag GmbH, 2013

MIX
Papier aus verantwortungsvollen Quellen
FSC® C023419

137011-4253-01

Ein Lächeln schenken

Geschenke sollen ein Lächeln auf Gesichter zaubern und die Welt für einen Moment zum Stehen bringen. Für diesen Augenblick entwickeln wir mit viel Liebe immer neue GROH-Geschenke, die berühren.

In ihrer großen Themenvielfalt und der besonderen Verbindung von Sprache und Bild bewahren sie etwas sehr Persönliches.

Den Menschen Freude zu bereiten und ein Lächeln zu schenken, das ist unser Ziel seit 1928.

Ihr

Joachim Groh

GROH